sketch

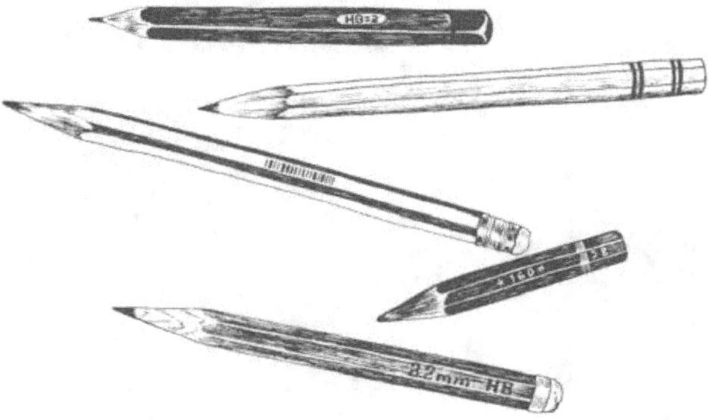

www.ingramcontent.com/pod-product-compliance
Lightning Source LLC
Chambersburg PA
CBHW051323220526
45468CB00004B/1479
* 9 7 8 1 7 9 2 7 0 1 5 8 0 *